働く、働かない、働けば

巳年キリン

三一書房

え？
地元に帰るの？
夢なんか
叶わないいん
だもん

夢って
パティシエでしょ？
ケーキ屋さんで
働いてるじゃん！
ケーキを
売るのが
夢じゃないもん
ぽいっ
おいしいケーキで
こどもたちを幸せに
するのが夢だったの！
コレで誰が
幸せになれる!?
？
去年の！

1年間も腐らない薬品まみれのケーキを売ってたの！
たくさんのこどもに！
お金になればなんだって売るなんて
そんな夢見たことも追ったこともない
…でもそれで生活してたんでしょ？

それで生活
したくないから
親の家で
ニートになるの!!

「生きるために働く」
…って実は
けっこう複雑じゃない？

はじめに

はじめまして。著者です。
この本と出会ってくださって、ありがとうございます。
この本がどういう経緯で生まれたかちょっとお話ししますね。

最初は、「価値のない人間なんかいないよね?」という内容で何かできないかなと思っていました。そのテーマで友人たちと話していたら、「たしかに、誰しも誰かの役に立っているだろうけど。もしも、役に立たない人がいたっていいんじゃないかな」という意見が出て……わたしは、そっか、そうだよねと思ったんです。あなたは役に立つから、生きていていいですよと誰かに認めてもらい続けなきゃいけないのは、しんどい。それに、認めてくれる誰かって誰? みんな価値観は違うのに。
とらえ方の角度を変えてみて、「どんな人でもまず生きることを保障される。だったらいつも安心していられる。お互いに安心だね、って信頼し合う社会ができる」、そういう考え方はいいなあと思ったのです。みなさんはどうでしょう?

あれこれ考えていくうちに、社会ってなんだろう、人が支え合う？　どんなふうに支え合っているかなぁ、と思いめぐらせるようになりました。

大人になると、人間関係は働くことの中で始まることが多いです。働くことが生活を支えるなら、そこでできた関係は重要なもののはずです（「働く」の中には、家事のようなお金の発生しないことも含まれます。福祉で生活する人だって、日々の生活の中で他の人に出会いや経験をつくります）。それに、働くことの成果が別の人が生きることを支えてもいるのだから、「働く」は人間社会そのものを形作る大きなキーワードではないでしょうか。

そこで、働くことを主軸にいろんな人にインタビューして、それをもとに漫画を描くことにしました。ただし漫画は、わたしのフィルターを通してフィクションにしてあります。

稼ぐこと、働くこと、仕事すること、これって全部同じ意味なのかな？　自分にとって働くことってなんだろう、などなど、あなた自身の気持ちや経験も大切に思い出しながら、読んでみてもらえたら、すごくうれしいです。

もくじ

第3章　しくじったら即アウトの社会なんて

どんぐりさん
人材派遣の会社
から いつもは
工場の仕事に
行っている。
おこられたくない。
根拠はないけど、なんか申し訳ない気分で生きてる。

序章 生きることと働くこと

生きてるって…
働く
給料をもらう
在庫
店長
必要なものを買う
店
自分の時間
ほっ
TV

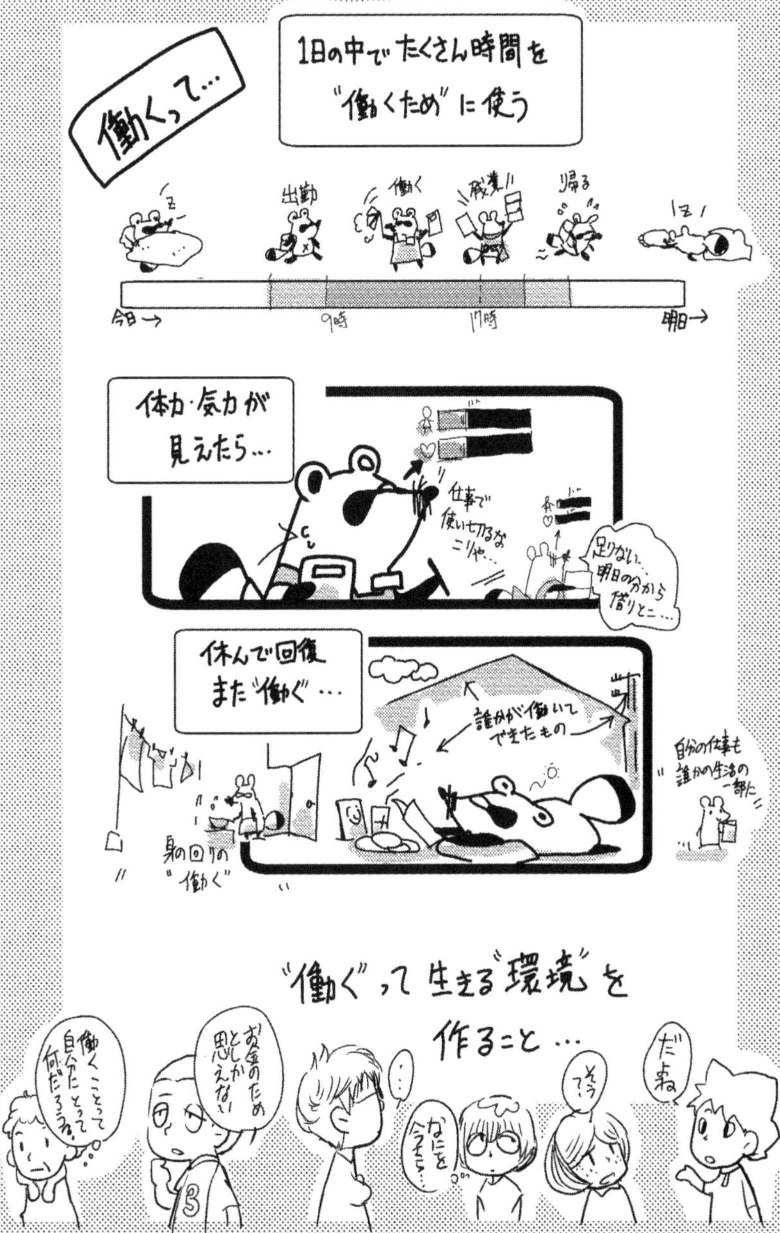
働くって…
1日の中でたくさん時間を
"働くため"に使う
出勤
働く
残業!!
帰る
今日→
9時
17時
明日→
体力・気力が
見えたら…
仕事で
使い切るな
こりゃ…
足りない…
明日の分から
借りとこ…
休んで回復
また"働く"…
誰かが働いて
できたもの
自分の仕事も
誰かの生活の
一部に
身の回りの
"働く"
"働く"って生きる"環境"を
作ること…
働くことって
自分にとって
何だろう?
お金のため
としか
思えない!
…
なにを
今さら…
そうて？
だよね

第1話
ウチは
生きてくために
働かなきゃならない
派遣で工場の仕事をしている
パチッ
ブーン
ガチャッ
リーダー
10番だけ
遅いなぁ
サッ
ズッ
リーダー

正確に早く
正確に早く
正確に早く
ガチャッ
ブーン
パチッ
カチ
カチ
ひぇぇ
ズレちゃった・・・
トイレ
行きたい！
今何時だろう
午後
長いなぁ
目が乾く
今日は
残業
断るぞ・・・
ガチャッ
ブーン
パチッ
ガチャ…

このラインは残業なしです
キーンコーン
カシャン
リーダー
リーダーさんタイムカード押してから残業するのか…
タイムカード
早くしよ送迎バス行っちゃう
送迎
退勤時間ちょっとずらしてくれればこんなに混まないのに

線路に障害物が
ありましたので
安全確認のために
運転を休止します
ただ……
……い…ま……
コン

…今週末こそ…
片付けよう…
人生は一度きりだと思っている
今すぐやりたいこともあるだけど

稼いで
帰って
眠るだけ

たまに
労働力として
生かされているだけ
なのかと
思ったりする

第1章
価値があるってどういうこと？

コーンさん
伝えるのも
うけとるのも苦手
職業訓練に
行ってる.
トマトさん
コーンさんを
手伝ってるヘルパー.
さんぽが好き.
おもちさん
せろりさん とかの
生活を手伝うヘルパーの
仕事をしている.
ちょっぴりメランコリー
せろりさん
体が動きにくいので
ヘルパーと協力して
いろいろする.
プログラマー

だれにとっての価値？
わたしたちはタネ。
どんな植物になるかまだ決めてないんだ
大きな実をつけなさい!!
「価値がある」って尊敬されるよ!!
あの葉ぱみたいな苦いだけの役立たずになっちゃダメ!!!
大きな実!! キミはとっても価値があるね!!
エッヘン
ようし!!
みーんな食べてあげよう!!!
価値があるって誰にとってなの!?
?
?
知らない他人のために生きてるんじゃないもん
あのタネいいな…
ワタシは将来の選択肢なかったよ…

生きていける場所を増やす

第1話

仕事が
…あ 中止…ですか
入らない
来月
家賃払えるかな…
家で過ごすと電気代かかるなぁ
そろそろ職探しかな
いまの職場せっかく人間関係落ち着いてるのに
出勤
帰る
……

あの人って ヘルパーかな
必要として もらえる仕事だよね
いいかも 腰を据えて しっかり勉強して
だけど…
一人前になるのに 何年もかかるのかな
公民館
公民館だ 図書館も 入ってたよな
あったかいいかな
あ
さっきの ヘルパーさん

ドサ
ふあっ……あ ども！！
へへっ 職探しなんですよ～
……！
じつは ウチもそんな感じですよ
そうか お互い大変ですね！
はい あのう…… 福祉関係とか いいかなって思って……
わたし 現役ヘルパーですよー
さっき 見てました……

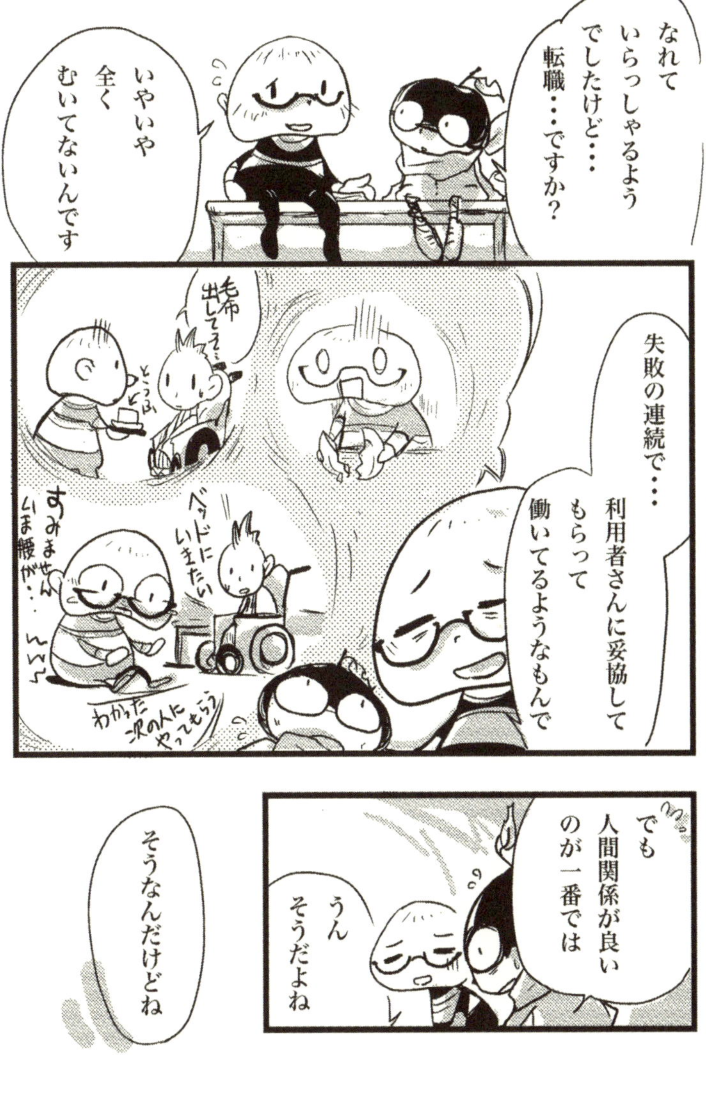
なれて いらっしゃるよう でしたけど・・・ 転職・・・ですか？
いやいや 全く むいてないんです
失敗の連続で・・・
利用者さんに妥協して もらって 働いてるようなもんで
毛布出してて
ベッドにいきたい
すみません いま腰が・・・
わかった 次の人にやってもらう
でも 人間関係が良い のが一番では
うん そうだよね
そうなんだけどね

ある日のこと
あ
こうなったの
違うんですか？
収納
うーん
………………
でも大丈夫
なんとかなるよ
……やり直しますよ
いいの！
お水とって
もらえる？
はい
日常生活の手伝いで相手のイメージ通りの結果を出すって難しいんだよね
だからどんなに頑張っても「まあ、これでもいいです」ってなることが多いよ
すごく頑張っても成果を感じたり認めてもらったりすることが少ないんだよね

※ ヘルパーのサービスを利用する人

「ここにいていいよ」ってハッキリ言ってもらえないと辛くなってしまう人には
むかないよ
いっしょにいるけど いない人扱い
しかたないんだけど…
普通の日常だからこそ、いない人扱いはキツいなぁ…
でもね…別の場面では利用者さんがいない人扱いだったり…
みんなのひろば
車イスって想定されてないのか…
…わたしは働いてる時だって同じ人間なのにって思うことがあるんだよ
仕事してる時間ってまるで自分の人生じゃないみたい

ウチもそうだ
今の仕事が人生の一部
だって思いたくない
帰ってからがホントの人生
仕事場でいらない奴
扱いされるのも
辛い
はぁ、
初対面なのに
愚痴っちゃった
ごめんなさいね
図書コーナー
仕事中は……人権制限されるもんだよね※
誰だって
そろそろ行くね!!
求人
※ !!
人権って制限できるものなの!?
本当はそんなことないはずなのに…
じ…
人権!?

ネガティブなこと言ってごめん！
求人
わたしは今はキツいけどヘルパーって仕事に可能性は感じてるんだ 転職するなら考えてみて
ちいき交流の会
自分の人権なんて考えたことなかった 人権っていうのはなんか困ってる特別な人の話だとおもってた
ヘルパーになるとか考えるよゆーが吹っ飛んだ．
たしかに たしかに 仕事の時間ってウチは生きてる気さえしてないかも・・・
ふら
ふら
ふら ふら…
おつかれさま
ごあいさつされてますよ
お元気そうで…
すーー
帰るみたいです

どの人にも
その人の
世界があるね
そっちでいいんですか?
そですね
あなたにも
あるよね
はい
やめちゃうの?
今月いっぱいです

そっか
・・・いつでも
戻ってきてね

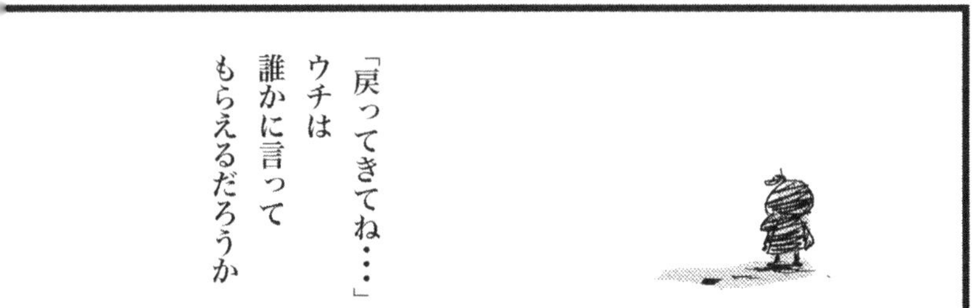
「戻ってきてね・・・」
ウチは
誰かに言って
もらえるだろうか

仕事中は〝格下の市民〟になると思っていた

▼ヘルパーを辞めかけている〇野さん

学生時代、接客のアルバイトをやっていた。お客さんがいれば、たとえ倒れそうでも水を飲むこともできず、暴言を吐かれても、笑顔。こちらが言い返せないのを知っていて八つ当たりしてくるお客さんもいる。一つ一つは浅い傷でもだんだん深くなっていった。

仕事している時間は〝格下の市民〟になると思っていた。人権は一時棚上げ。本当はそれは間違っていて、仕事中でも人権はあるという。でもそんな扱いは受けてこなかった。驚きだ。

多くの現場で、雇う側と雇われる側、お金を支払う側と受け取る側が、人として平等ではなくなっていると思う。雇われる側は、生活がかかっている状態で「お前の代わりはいくらでもいる」と言われながら働く。ハラスメントがあっても文句は言えず、改善の道もわからない。「苦労は美しい」というような美辞に、肯定感を得て働き続ける。働き続けている人たちは苦労に耐えたことが誇りだ。だから、誰かが「こんな現場はおかしい」と言ったとしても、傷つけられたと感じて、怒る。権利なんて言う人、考えの違う人間は排除される。

良い職場もあるだろうが、そこで雇ってもらえる人たちだけが、適切な待遇を受けられるということ。困るのは、そうではない職場があるということだ。

障害のある人の生活を手伝うヘルパーの仕事を始めて、だいぶ楽になった。傷つくことはある。でも、一対一で相手と信頼関係を築ける。利用者さんの辛さも見え、大変なのはお互いさまだという気持ちになる。もし関係が悪くなっても、別の日に修復できることもある。

他人の生活を補助する仕事では、利用者さんのイメージしている成果がわからないことが多い。どうしても「違う」と否定される場面が多くなる。だが、気軽に否定してもらえることは、とても重要。利用者さん自身の生活なのに、サポートする人に遠慮して、妥協を重ねていたら行き詰ってしまうから。

わかっていても、否定されることが何年も積もっていくと、処理できなくなる。眠ろうとすると、その日あった「否定されたこと」が思い出されて眠れない。少し離れる期間がほしいと思った。利用者さんたちには好感を持っているし、また戻りたいなと思っている。その人のペースで、離れる期間を挟みながら関わるという仕事の仕方があってもよいと思う。

ちょっと より道①

テキパキ
テキパキ
↑ヘルパー作業中
言いたいことがあるんだけど
言い出せない…
はい どうぞ！
詰まらせないようにゆっくり少しずつ食べましょうね
カンペキだなぁ この人
だけど
自分の日常生活はもうちょっと自分で決めたいな・・・
失敗してもいいから

ちょっとより道②
うとうと
うとうと
ぽかぽか
ぱっ
…
……はいっ・
なにかっ・
あなたといると少し気楽
それも大切なこと

2章 誰にでも自尊心はある

しめじさん
事務職
仕事はすきだし、頼りにもされている。
でも考えちゃう。自分の仕事が作り出したものって、
誰の役に立つの？
へ～
アーモンドさん
倉庫でアルバイト中
うんとうんとがんばり屋。
がんばりすぎて
他の人への想像力低下中。
設営会社の人たち
大変な時こそ チームワーク！
工場の人たち
毎日会うけど
よく知らない同士。
たけのこさん
ニョキ！

「働《はたら》く人《ひと》」って どんなイメージ？

働いている時って…

何してるかって
聞かれたら
怒られないように
作業しながら
ごん
休み時間を
待ってるんだ
って答えるね
終業時間を
待ってる
週末まで
ガマンしてる
退職まで
辛ぼうしてる

第1話

ある日 臨時で入った 仕事場
はじめて!?
まあまあ 教えてやって
ちょっと!
この人!
はい じゃあコレ
ばさっ
あの
早くやって 始業チャイム 鳴ったでしょ
?
てっきぱっき てきぱき
ぱきぱき
なんなの? 早く働いてよ ハケンの人
!?
…えっと どう すれば …

はぁ!?
信じらんない!
…ウチも…
教えてくれれば頑張れるのに
じゃコレ
貼る
はい
ここ
貼ったら流して
早く
ちょっと!
ガラッ
ひー!
なにこれ!?
言われた通りにやってるのに
ねぇハケンさんナメてんの!?
きゅーけー
食堂は社員専用だからねー
ねー
あのハケンさぁ
しょーがないじゃん
食堂
ほぼ同じ値段
コンビニめし

がーわ
ガチャ
R
閉鎖中
ほっ…
あっ

ひぇぇぇぇぇっ
いいのいいのっ
本当はここ立ち入り禁止で・・・
共犯になっててだまっててくだされば幸い！
！
この屋上って社内の雰囲気になじめない人がフラッと来たりするんです

自分の言葉で
話せる相手がいるだけで
だいぶ楽になる

第2話
事務ってどんな仕事ですか？
いろいろあるだろうけど
うーん
わたしの場合は資料作ったり・・・海外から来た文書の翻訳とか
なんかすごい！
やりがいありそう！
そうかな
休むと契約更新してもらえなそうで・・・
もう産まれるね会社来て大丈夫？
そんなのマタハラだよ
更新切る時に産休や育休をとる人だから・・・とは言わないでしょ
・・・

わっ こんな時間!!
保育園のお迎えに行ってから戻ってきます!
大変だな
この報告書翻訳して明日の会議で使うから
はい・・
これ・・・
海外の工場での育児支援のレポート!
はい!!! 問い合わせます!!
資料・海外
これはみんなの役に立つぞ!
V
HELLo・・
あとでもメールした件で
海外
はーい
次の日
できました!
やっぱり使わないかもファイルにとじといて

サービス残業ぼくめつ!
この会社でもこういうの始めたのか
30分区切りだから29分以下の残業は切り捨て・・・
あのポスターは?
世間体のためのポーズ!
現実はそんなに甘くないの
・・・雇う側こそ働く人に甘えてるところないかな・・・
この厳しい時期に有休!?やる気あるのか!?
法事で
それが?
役員の海外視察のスケジュールまとめて
グルメ

そして…
屋上で出会った日
お金もらえても一度きりの人生を浪費されてるかんじには
辛抱できない時があるよ
ウチもそうかも…

本当にお金さえもらえればいいの？

時間も心も体力も
すごく使った

いくらもらっても
戻ってこない

"働くこと"は
"自尊心"に
直結している

※ 自尊心（尊厳だよね）が傷つくと
生きていられなくなることもある。
とっても重要なものだと思うよ。

人を大切にできない職場のつらさ

▼元事務員で親としても忙しいB村さん

派遣社員として、国際的な社会貢献のようなことを積極的にやっている会社で働いていた。英語ができたので、海外からの文書を翻訳する仕事をした。他の国の事情がわかり、かなり面白かった。だが、その会社は、男女同権を啓蒙するようなことを言いながら、現実には役員の男性が退職する時に若い女性に花束を持たせるようなところだった。

何年か勤め、2人目の子を出産した産休中に「あなたの代替要員で入った人は子どものいない人（休んだり遅刻早退したりしない。残業もできる）。仕事にも慣れた。あなたには悪いんだけど……」などと言われ、雇い止めになった。それまでも、女性活躍などスローガンは立派なのに、小さい子がいると面倒くさがられていると感じていた。

いいことを言っている会社なのに、こなした仕事が現実的な何かにつながっていく気がしない。意識の高い会社という社会的なステータスのアリバイを作っているだけのようで、やる気が起きなかった。みんな適当に我慢しつつ、適当に折り合いをつけて生きていると思う。

▼トラックドライバーだったGBさん

以前、大手メーカーの下請け会社でトラックのドライバーをしていた。時間に厳しく仕事量が多い。1日の睡眠時間があまりなかった。

下請けで入ると、元請けなど上の会社からいじめられることがある。

ある時、上の会社の社員に挨拶を無視され続けたので、挨拶をしなくなったことがあった。するとすぐに、自分の会社に「あいつは挨拶しない」と苦情が入った。

下請けや年下を小突く人もいた。しかし、怒ると会社ごと契約を切られてしまう。

もちろんいい人もいるし、仕事が回らなければイライラするのもわかる。サボれる（＝ガスを抜く）ことのできる環境なら、いじめのようなことも減るのではないか。

第3話
今日も臨時の仕事かぁ・・・
まず この荷物を協力して上まで運んでください
通用口D
階段狭いから リレーにして運ぼう
重くて大変だったら すぐに声かけてね
がんばれ
せーの
大丈夫っ?
次、重いよ
よし
休憩 飲み物回すよ
しっかり休んで 後半も頑張ろう!
キツいけど 気持ちのいい 現場だな
きっついね!
よし! 頑張って 役に立つぞ!

18時だから派遣さんは上がっていいですよ
終わってないですよ
うん 残業代が出るかわからないから・・・
あとはレギュラーで片付けるよ
では…
おつかれさまでした…
よし! きれいに終わらせて気持ちよく帰ろう!
残業ねぇ 追加の費用は出せませんよ
おつかれー
ふー

だから当社に ご依頼になれば よかったんですよ
当社は やりがいだけで 十分です！ いつでも超安価で お受けしますよ！
次回は そちらの会社に お願いしようかな
ウチの会社で もらってた 仕事ですよ
安いほうが いいから
こっちも大変で…
わたしどもは 適正価格です 慣れた作業員が 質の良い仕事を しますし
当社には 体力のある若者が たくさんいます 無理な工期でも 大丈夫
病気や怪我で 休まれても 代理がいくらでも います！
……

なにを
買い叩かれて
いるんだろう
なぜ
そうなっちゃうん
だろう

多重下請け構造の中で

▼SEのK田さん

プログラマーとして多重下請け構造*の中にいる。そこは、権力（上下関係）に翻弄《ほんろう》される世界だ。

1年がかりのプロジェクトでは、途中で顧客の要求が変わることがある。当初に決めた計画を守りつつ、あとからの変更にも対応することになるので、現場は無理な作業を強いられる。さらに1カ月くらいでまた変更があることもわかっている。それでも、組織の上層にいる人は、スケジュールを守ったという報告をしたいので、やらせろという。実際に作業するプログラマーにはその事情は知らされず、徹夜で作業するしかない。1カ月後の変更で無駄になる作業にもかかわらず。

「無理です」と断ると、嫌がらせを受けることもある。

SE（システムエンジニア）は、仕事をしっかりこなしていれば自由でいられると思っていた。だが、そうではなかった。
　個人事業主でやっているので、仲介会社を通じて大きな企業のプロジェクトチームに入る。小さな会社の紹介で大きな会社の仕事に入っているので、セクハラを受けてもきっぱり断るのは難しい。派遣先の上司から、夜通し個人メールを送られたり、会社の一室に呼び出されて恋人まがいの扱いを受け、困ったことがある。断ろうとすると、同じ会社の紹介で来ている人の契約も切ることをチラつかせてくる。紹介会社にも同僚にも迷惑をかけたくない。やむなく、その仕事を辞めた。

　雇う／雇われるしくみ、元請け／下請けのしくみの中で立場が上の人は、上に立っているというだけでプレッシャーを与える。そういうことを知っておいてほしいと思う。

＊**多重下請け**：初めに仕事を請け負った会社が手数料を引いて、別の会社に仕事をまかせる、という構造が何層にも重なること。元請け↓一次下請け↓二次下請け↓三次下請け……と会社が入って、実際の作業員に仕事が渡る頃には、報酬はずいぶん減ってしまう。さらに、作業現場でトラブルや労災があった際の責任の所在もあやふやになる。

第4話

職場の人間なんて
話しても無駄だ
ウィンッ
みんなと
もっと本音で話せたら
きっと環境改善
できるのにな
カチャ
カチャ
迷惑かけないように
頑張らなくちゃ
怒られないよね
間違ってないよね？
あ〜〜
早く解放されたい
ゴチャ
ゴチャ

在庫
??
在庫
仕入れ
!!
向た合わな、なー…
人間こわい
うまーい!!
おわらん
親切だなー
コイツきらい
帰る
どうせいつも同じ
めんどくさい…

転職…
送料安くでもないかな…
いっしょに仕事できそうな人は…
占い
辞表
燃料
今週は休めるかな…
はたらきたくない

ねえねえ 10番と12番の工程って ここ組み合わせたらさ…
うん 僕も 思ってた
11
12
でもさここで 作業が早くなると 他の工程の人が キツいよ
みんな 作業になれると 作業量は インフレするのに 給料は絶対に同じ
いつも少人数に 作業量つめ込みに なってくよね
人数へらされ るんだよね 昨日までの仲間が 職にあぶれてさ…

それ…言っちゃうかぁ
わい
わい
短時間に作業量をつめこんでラインを潰すなって?
私は自分の仕事してるだけでもっと上に言わないと…
これだけ人数いたらはなし聞いてもらえませんか?
わや
わや
……聞いてみるけど期待しないでね

よかったね!!!
ちょっと人数集めて要求なんかしてウチらの派遣会社ごと切られたらどうするの？
次の日
みんなの要望きいてくれたよ
安全に品質重視で1日の目標量を確実にこなしてくださいって
えー自分の上達を反映できないのつまんないよ
がんばりたい人
働いてるって感じしないな
優等生でいたい人
数週間でまた作業量インフレに戻る

・・・・
機械の部品に
なるのは
人間には
無理なんだと思う
仕事してる時間も
自分の人生の
一部だって
備品A
それで
正当な報酬も
得られたらいいのに
あれ？
それって
当たり前の
こと
なんでは・・・

やっててよかったと思える仕事

▼アートを使ったケアの仕事をしているKNさん

人がアート作品の制作を通して気持ちを解放したり、問題に向き合いやすくすることを援助をするのが仕事だ。

不登校の子に関わるワークショップをやっていたことがある。印象に残っているのが、コラージュ*を絶対にやらない子。中学生くらいだが、ほとんどしゃべらず、しゃべってもつっけんどん。本当に何もしない子なので、小さな丸を描いたときはすごく感動した。

よく「死にたい」と言う子だった。ある時、「死んだらなんかいいことあるの?」と聞いてみた。すると、こんないいことがあると話がふくらんでいく。無気力だった彼がペラペラ話し出した。内容はあまり覚えていない。とにかく、彼が話をし出したことがよかった!と思った。

その後しばらく来なくなったが、ある日またやってきた。顔立ちが妙にキリッとしている。学校に戻るという。会わなかった期間に、彼の中で何かあったのだなと思った。稼げる仕事ではない。でも、こういうことがあると、辞めないでよかったなと思う。
高齢者に関わる仕事もした。あまり複雑ではない福笑いのようなコラージュを作った。作品制作を通してコミュニケーションする。声があまり出せない人も、指で一生懸命指してくれたり、肩をぽんぽんたたいてくれたり。自分にできるやり方でコミュニケーションしてくれる。初めはあまり手が動かなかった人が、1、2年経つと動かせるようになることもある。自分からコラージュに使う色を要求してくれるまでになると面白い。要求に応えるために、スタッフは走り回ってぐったり。でも喜びの悲鳴。やっててよかったと思う。
現在は求人などほとんどない職種である。自分なりのチャレンジをしたくて、独立しようとした時、周囲の助けが得られなかった。自分のやりたいことを理解してくれる人がおらず、相談にも乗ってもらえない。苦しかった。自分が苦しいと、いろいろ回らなくなる。行き詰まってしまった。支えになってくれる仲間、思いを共有できる相手がいれば、もっとよい時期が来るまで前向きに辛抱できたかもしれない。
まだあきらめるつもりはない。活かせる環境があったら積極的に関わりたいと思う。

＊コラージュ：さまざまな色や形の素材を組み合わせて一つの作品にする表現の方法。

ちょっとより道③

頑張って まわりに 追いつかないと！
でもキツイ!! 動きっぱなし 持たないよ！
フォローするから まず自分の ペース作って
早く動かないと ペースの崩れる人も いるけど
煽られないで 確実にこなして いこう
…遅くて 迷惑じゃない ですか？
大丈夫 頑張りすぎて ライン減ったら 仕事なくなる人も いると思って
焦らずに 良い仕事するのが 一番

続けられそう

体が慣れたら余力ができたな
一生あの仕事があると思えないし夜間学校に行こうかな

いつもの工場で
ある日の昼休み.
あの！ウチの工場の製品が海外で兵器に使われているんです！
近いウチに直接兵器を作るようになります
経営陣にそういう方針をやめてくれるように
意見書を出すので署名に協力してください
関わると仕事外されるよ
だいたい兵器って大げさ・・・
そうかな・・・
兵器は平和を守るためのものだからいいんだよ
あの人頭悪いなー

休憩室
A国の空爆で民間人にも被害が出ていますが・・・
こんなのはさすがにダメだ・・・
自分たちが平和に暮らすのに犠牲は仕方ないよ
めんどくさい
「仕方ない」って考えるのは賢いのかもしれない・・・
だけど少し立場が違えば
犠牲に差し出されるのはウチみたいな立場の人間だ
くわしくおしえて下さい
悪くなる前にできることはしなくちゃ！

社会も
経済も
自然現象みたいに
与えられているだけの
ものじゃない

外国で爆弾が落ちることも
国と国との関係も

あなたやわたしが
毎日コツコツ
働いたり生活したりして
組み上げた社会の
結果なんだ

第3章 しくじったら即アウトの社会なんて

コーヒー
じゃがいもさん
他人から見たら
とても大変なことに
なってる人
本人には、やっと訪れた平穏
きゅーりさん
店員さん
空気よめないタイプ
そういう人がいないと
みんなで谷底に落ちたりする

こんなにガンバッているのた!!
在庫
今夜、人足りないんだよねー閉店までいて
店長
昨日もでしたよね…
ヨレ ヨレ
ちっとも楽にならない
なに言ってんの!!
辛いからこそ仕事は楽しく!!!
笑顔でいたら楽しくなるんだから!!!
楽しくって…すごく個人的な話じゃん…
気のもちようで済ませていたら
永遠にこのままだよ
ずーん
言わないでよガマンしてるんだから.
ホントはイヤなんだネ…

なに言ってるの!? 子どもたちのために イヤでもなんでも ガンバるの!!
…このままじゃ 子どもが大きくなった時に ぼくらと同じ思いを するよ
ウルサーイ!!
じゃあ アンタ 議員にでも なって なんとかしてよ!
できるの!? 今すぐ!!!
今すぐなんて できないよ
ほら みろ
だったら ダマって 働くの!!!
お金 いる!!
楽してるって 思われたくな!!
リストラ されたくない
「いったん止まって 考える」
って、どうしたら できるように なるのかなア.

第1話

働かざる者食うべからず

ムリした安さ!
ザ・ドラッグストア
汗水流して
文句を言わない
まいにちコツコツ
辛抱、辛抱
頭は下げて
生きていけ
小さい頃から
そんな風に
聞かされていた
頭を下げて
頭を下げて
その頭を
上げた時
見えるのは

あ
そっか
ウチも
そうなるって・・・
そうなる・・・?
・・・どうなるって
言うんだ?
ウチここで寝起き
してる人のこと
何も知らないのに・・・
おいっ
こんなところで
寝るな!

みんなの
公園だぞ！
占領するな！
ばっ
すたっ

公園にいるのは勝手だ！
憩わせろよ公園なんだから！
そだよね
コクコク
お前らが憩うとオレが憩えねーんだよ!!
アンタには他人に邪魔されずに休める私有地があるだろ！
なんで私有地から追い出された人を公共の場からも追い出すんだよ！
うるせぇ！貧乏人が！とっとと死ね！
死なねーぞ!!
アンタの社長がムダに良い思いする分他の人が貧乏してんだろ！
富の全体
Aさんの分
B〜Zさんの分
Aさん さすがに考えて…

ありがとよ
いいよ
でもちょっと言い過ぎだな
・・・
あの人も社長さんもどんな人かわからんだろ
うん
これさっきもらったから
いつも悪いね
そうだよねどんな人も事情があるんだよね
今、余裕のある人はとってもとっても頑張ったのかもしれない

ウチは
頑張れない
家をなくして
途方に暮れるのが
当たり前なのかも・・・
ずいっ
半分いる？
おいしいよ

さっき
うなずいて
くれたでしょ
そうだっけ
もく もく
ああいう時
怖いから
助かったよ
ありがとね
ありが じゎ わっ とね
ぐすっ
わわわ
なんで
ウチ…
誰かの役に
立ったことなんて…
ぐす…
くす～……

ね・・・
もしかして・・・
うち来る？
おじゃまし
ごめん
大丈夫だよ
しっかりしてるんだ
冬、さっむいけどね！
そうそう！
オレが
作ったんだから
頑丈だよ！
さむくねーよ!!
あのビルも
オレの作品！

高速道路も作ったんだぞ！
はいはいおっちゃんまたね！
あの人足を怪我しているの？
10年も前に建築現場で事故にあったみたい
それで仕事につけなくて・・・ここに・・・？
さあね？
事情は人それぞれ悲劇も喜劇もあるんじゃない？

その人の背景がどうだって出会えたから助け合うの
生きたいもんできるだけ幸せに
なんつってまあ「コイツのためになんもしたくね〜」って相手もいるよ！
どこにでもね！

でも
だからって
その人を見捨てたりは
しないけどね
働かない・・・
生産性のない人に
なぜ福祉のお金を
使わねばならない
のでしょうか！
それよりも
汗水流して働く
みなさんに
より手厚い支援を！
こうほ次郎

そうだ そうだ
いいぞ ガンバレー
コン
なんか…やだな…
いこ!! かかわらないの!!
おかしいじゃないか！
こうほ
生産性のために産まれたわけじゃない！

誰だって うまくいかない ことはある！
失敗続きで 疲れ切ってしまう ことだってある！

休めれば 再スタートきれる こともあるし それもダメな こともある！
しくじったら 即アウトの社会なんて 信頼できない！
う、つ、で仕事に 行けなくなってさ

生活保護って
お金なくて困ってる人は
誰でも使えるんじゃないの??
使えなくて困ったら、相談できる
ネットワークがないか調べてみよ。
役所に頼って生活保護もらおうと思ったの
そしたら親や親戚に連絡が行くんだって
わたしのこと養える人がいないか聞くんだって
ウチの家族余裕ないしケチな親戚から仕事もらってるから
立場悪くなると辛い仕事を安く請けさせられちゃう
しまいには…家族まで病気になるよ
つっ

そういうの役所に説明してもダメなの？
後で知ったけど考えてくれるトコもあるみたい
不正受給とたたかう
ふくし課
でもわたしは「決まりです」しか言われなかった
決まってることしか言えないって感じでね
住む家がなくなりますって言った時も同じだったよ
それでいろいろとね・・・信用できなくなって
公園に「自立」したってわけなの
・・・
どうして
「自立」ってさ、経済的なことばっかじゃなくて、自分の生き方を自分で決めることでもあ
だって.

話してくれたの？
肯定してくれたから
あんぱん半分こしたから
いくら稼げるかじゃなくて支え合えるかが大事じゃないか！
やりとげます
こうほ

豊かに見えたって
その社会で
暮らせない人がいたら
「社会」の意味がないよ！
ズル
ズル
ズル

働くこと、働かないこと

▼野宿の人の近くにいるAさん

20歳頃までは、「迷惑をかけないように生きろ」とか「貧乏は努力不足の甘え」のような考え方を持っていた。高校時代に塾の世界史の先生が、教科書にのらない社会構造の話をしてくれて、だんだん社会に興味を持つようになる。しかし、まだ日本に貧困があるという実感はなかった。交換留学でフィリピンに勉強に行った時、現地の大学生が、自分はプール付きの豪邸に住んでいて、スラムに住んでいる人たちにはまったく興味を示さない——これにショックを受けた。自分も同じだと気がついた。

その後、大学で野宿者運動に関わっている講師の話を聞く。それまでは、社会は国連や行政のような大きな場所から変えるものだと思っていた。「弱く小さくされた当事者の力こそが社会を変える」という話を聞き、感銘を受ける。当事者主体の運動に興味を持ち、講師の紹介で路上で暮らす人たちに関わるボランティアを始めた。

学生時代は、ホームレス状態にある人に対して友人が「どうせ怠け者なんでしょ？」と言うことに、「そんなことない！　みんな頑張ってるのにうまくいかないだけ！」と反論していた。ある時、ホームレス状態にある人に、友人が「怠け者」とレッテル貼りしてくると話したところ、「そのと〜りでございます、って言ってやんな」と言われ、目から鱗《うろこ》が落ちた。すべての人が清廉潔白《せいれんけっぱく》な頑張り屋ではない。そもそも、これだけ人を使い捨てにする社会で、怠け者であることの何が問題なのだろうか。ダメなところがたくさんあっても誰でも自由に生きられることが必要だ、と考えるようになった。

もし、好きで自由のために野宿生活をしている人がいたら、その人は権利を主張できないのだろうか？　と疑問に思う。

正規の手続きで家（アパートなど住まいのこと）を持つことで、心身を傷つけられることもある。身内や地域社会から辛くあたられている人などは、身元を明かして家を得ることで逃げられなくなる。誰しも実家に居場所があるとは限らない。確かに、路上には襲撃や差別などのさまざまなリスクがあり、それは許しがたいことだ。でも、それでも人によっては路上のほうが安全だと判断することだってあるのだと知ってもらいたい。

路上生活より福祉を受けろと簡単に言ってしまうのは、個人が積み上げてきた軌跡《きせき》を理解せずに根こそぎ潰《つぶ》してしまうようなもの。公共の場に小屋掛け*して暮らしている人には、自力でそこまでやってきた矜持《きょうじ》があると思う。

野宿者について語るとき、辛さや悲惨さに焦点をあてて「こんなに頑張ってる」「善《よ》き貧困者像」を作り出してしまうのも、楽しさや豊かさに焦点をあてて野宿コミュニティをユートピアのように思われてしまうのも、どちらにも違和感がある。もちろん、無理解な人のもつ「自由気ままなホームレス像」を増大させてしまうことにも。だから、いまだに語る言葉を選びきれずにいる。

自分は一時期、失業して河原に小屋掛けして暮らしていた。辛いことも楽しいこともたくさんあった。河原で暮らす他の人との間でもいろいろあったが、家も職もある「普通の」人からの攻撃のほうがひどかった。

今は職を得てアパートに移ったので説得力がないかもしれないが、自分はその頃の暮らしが好きだったし、できることなら続けたかった。

＊小屋掛け：仮小屋を作ること。

こやとわれなかったにゃん.

ただいま
がんばれ
がんばった
必要
ありがと
入口
会社
サービス
サービス
部品
ぽい
じゃあもうちょっと細かく…
ふーむ
ワタシらがお金を使って生きてるから会社も回ってるのかね
ぽーんっ
会社
そのようだ
お金もうけは安定して暮らせるベースがあってこそだな
ウチらが作る地域社会も会社がやってくのに必要だね
絶対そう
お前ら早く働け
だいたいさワタシら働く者がいて会社は成り立ってんだよ
そだね

雇う側のモンダイ
この人は経営者だが雇った人が"数字"に見えてしまうのだ！
ガーン！
社長
Aさんに Bさんの分まで仕事をわりふって…
Bさんには辞めてもらお…
これで給料の支払いがハンブンで…
保険料
福利厚生…
労働者のケンリ…
むむっ
そーだっ
Aさんには社員から個人事業主になってもらお…
社員じゃないから
しらんぷり
会社
これなら仕事も必要な時だけ出せる
余計なお金も責任もなし！
過労
過労
過労
過労
え…
Aさん たおれた？
…あの人の仕事多いしフクザツで他にできる人いないのに…
社長

働いてると充実する
成果
自分は有能だ
ワタシもチャレンジしたい!
新人
だめだよ失敗するから!!
新人
経験つまないとずっとできるようにならないよ
……
できる人がふえたら…
ワタシが気持ちいい思いする機会が減る
成果
だからダメ
やる気
ガラ
ガラ
新人
充実の一人じめには注意したい
働くっていいこといっぱいあるけどね。
できることふえる!!
自信ついた
環境にめぐまれたイ
がんばるのって楽しいよ

第4章 仲間をつくる

りんごさん
路上にこだわり!
サラダさん
とある会社の窓口業務の人
大人なんだから
お金かせがなくっちゃ!
でも…
農業関係の営業
港の工場の経理
ながねぎさん
たまねぎさん
あるところで出会って友だちになった

問題がある
あのうコレ
だまれ!! しゃべるな!!!
問題
ぽいっ
ああそのへんに放っとけよ
言っても怒られるだけ
苦しいです
慣れろ
問題なし
ガマンだガマン
ガマンするのがフツーだ!!
ガラガラ
ガラ
どっかでちゃんと話し合えればな!…

きっかけ

第1話
しばらく風邪で寝込んだら
ぐすっ
家賃が・・・
大都市銀行 ジモト支店
引き落とした失敗しました。16日までにお支払下さい
○×不動産
・・・払えない・・・
・・・
借金かぁ・・・貸してもらえるかな・・・
かします金融
誰でもかりれる
カンタンキャッシング
ウィン
しょぼ…
断られたんだろうなー

かします金融
ウイーン
ぬ〜
急
ビク
!?
急!!
…やっぱり
借りない方法を
探そうかな…

とぼ とぼ とぼ とぼ
わいわい
…たまにここで なんかやってるよな
え？
ゼ… ゼロ円ショップ!?
ゼロエン 0円 ショップ
VHS
町内会の 内輪のイベント？
楽しそうだけど ウチは入れない なあ
すいませんっ これ！ 置いていいですか？

あれ
さっきの
金融屋さん…
…コンディション
良くないと
思うんですが
もちろん！
必要な人に
使って
もらいましょう
はじめて声かけるのに
悪いかなと
思ったんですが
ここなら
本当に弾きたい人が
もらってくれそうで

なに？
えっ タダなんですか？
元からの知り合いで集まってるんじゃないんだ
ありゃ さっき お店の前で 暗い顔してた人！
ドキ
ドキドキ
怒られる？ 軽蔑される？ 怠け者だと 思われてるよね・・・
ドキ

大丈夫？
びくっ
おせっかいで
的外れだったら
ごめんね
・・・だけど
真剣
もし
困ってるなら
役所に相談に
行ったほうがいいよ
精神的に
ハードル高い
だろうけど
絶対そのほうがいい
怖い人じゃない
・・・あの
さっきお金借りに
来た人に
呪い
かけてました？

そ…そだよね
みてたよね
あれはさー
あの人の仕事うまくいけええ
借金なんかしなくて済むように……応援の念波を
ねんぱ!?
だってお金がない人なんだよ?
生きていけるようにサポートするなんて公共の仕事じゃん!
困ってる人が民間から借金して利子払うなんて…なんか変だよ

その通りですよね
でしょ！
熱弁!!
なのに公共の支援が使いにくすぎるんだよ！
生活立て直すための援助でも使い道が限られたり
古書
困ってる側の「申し訳なさ」を過剰に煽ったり！
なんか盛り上がってるなー
この人は他人のことをこんなに考えてるんだ
その仕事をしてるからこそ思うことってあるよね

生きるために選んだ仕事
そこから学んだことを
たくさんの人が持ちよれたら

「困ったな」も
「これからどうしようかな」も

多くの材料を持ちよって
みんなで話せたら

いま辛いことの解決方法が
わかるかもしれない

わい
わい
わい
いろんな人がいる
この人もずっといるな
何をするでもないのに
こういうのいいなぁ・・・
ぽか
ぽか
来てみてよかった

第2話

それは
数カ月前のこと
季節のカレーセット
¥1,200
あれ
ギャラリー山
画廊で
カレー食べられるの?
へー
画廊なんて
近寄りがたかったのに
変なことも
するんだな
別の日
となりの街で
雑貨にゃっこり
にやっ
お
見覚えのある
カレー…
季節のカレーセット
¥1,200

カレー・・・
好きなんだよな
入ってみるか
ぐ
本コーナー
いらっしゃいませ
あの
・・・カレー・・・・
あちらの
席にどうぞ
カレーセットの
お客様でーす
原画を売ってるのか
絵の横でカレー
食べていいのかな・・・・
ドキ
ドキ

あの
窓の横の絵を
売ってもらい
たいんですけど
ありがとう
ございます
あの絵は
自分でも
気に入ってるんです
あの人が
絵の作者？
カレーも
画家さんが
作ってるんだな
コーヒーは
食後でいい
ですか？
なるほど・・・
カレーに
つられて
絵と出会うって
企画なんだな
お客さん
カレー冷めるよ
ボクは
絵が本命なんです！
…絵のファンも
カレーに出会うと
カレーは
いいの？
食べますよ
美味しいもの

うまっ
こういうイベント
やる店って
センスいいんだろうな
なんか新しい味だコレ
その時は
うまいカレーと
絵に出会っただけ
だと思っていた
また別の日
今日は早く
終わったな
そうだ
こないだの
カレーと絵の
雑貨屋
寄ってみようかな
雑貨にゃっこり
塩×現代彫刻
塩×現代彫刻
また
なんかやってる
面白そうだ!
塩?

ふむ
各地の塩のイメージで
彫刻が作ってあるの？
…なんで塩？
にゃっこり 塩特集
カウンターに
塩のお菓子あります
って…
カレーの時に
いた人？
この前うまそうに
カレー食ってた人だ
どもっ
あっ どもども
ここの常連さんですかっ？
いやー 前のイベントのときに
今回のチラシもらって…
こんちゃ
0円ショップの
チラシ置かせて？
0円ショップ？

そして今日
ここにいる
見て
くださいよ
これ！
ほく
ほく
懐かしいなあ
学生時代以来だよ
いいね！
僕が出したペンも
誰かもらって
くれないかな…
どうぞ
取ったら
まわして
あ
あの
これ
僕は
知らない人と
知り合える
場所に
出会えたんだ

場をつくる
▼流しのカレー屋で画家のくまのさん

店を構えると、人に来てもらうのを待つしかない。それよりも、自分から人に出会いに行きたい。店舗を持たないのは、興味を持ったいろんなところで場を作りたいから。

普段は別のことをやっている場所でカレーを出すと、そこは新しい空間になる。その場所を知らなかった人たちが、カレーを食べにきて場所を知る。絵も見てくれる。絵のお客さんがカレーのお客さんになってくれることも。カレー目当ての人と、絵が目当ての人が出会える場所になる。

固定の店を決めずに流し[*1]でやれば、いつも知らない人が来る場所を作れる。自分たちがよそに流れて行ったあとでも、場所自体に魅力を感じて繰り返し訪れてくれる人がいたら、新しい人の流れができる。

＊1 流し：ここでは、特定の店舗を持たないで、出店場所を移動してサービスを提供すること。

●絵を描く仕事について

自分の絵は、見る人がポジティブな時にもネガティブな時にも、変わらずそばにいる存在になるといいなと思う。ネガティブな時にポジティブすぎる表現は辛かったりするから。絵を通して言いたいことがあるわけではない。絵を描いて残しておく。それを見た人が自分の中の何かに出会うんだと思う。

▼ゼロ円ショップのめぐみさん

日曜に友人と路上セッション[*2]をすることになった。出かけるときに、家の不用品が目に入った。それを路上に並べ、ちぎった段ボールに「ゼロ円ショップ」と書いて、そこでセッションした。初めは「宗教ですか？」と言われたり、近所で料理店をやっている人に「なんでタダなの⁉ お金取らなきゃダメだよ！」と言われたりした。

月に1度程度だが、回を重ねると、ゼロ円ショップをめざして来てくれる人がいる。出品しないが、雰囲気が好きな人。ビタミン剤やお菓子を配る人がいて、その人はたくさん物を持っていく。「あげたい人がいる」と言う。物をきっかけに交流できることが楽しいようだ。

居場所がなくて、路上でよく過ごしている人も来る。ペットの蛇の抜け殻を出品した人がいて、「綺麗《きれい》だ」と言ってもらっていった人がいた。

値段をつけないからこそシェアできるものもある。誰でも通れる路上に、人が出会うきっかけの広場ができた。

＊2 セッション：楽器などの奏者が集まって演奏すること。

「対価」をもらうこと／もらわないこと

■「対価」をもらうことについて、くまのさんに聞いてみた

人は人とともに生きなきゃいけない社会の中で、お金（対価、代金）には応援、感謝、共感が込められていると思う。自分が応援されたお金を、今度は他の人への応援として返していく。そんなふうに仕事は人がいて、成り立つもの。

社会問題に取り組むような仕事では、お金を取るなという人がいる。しかし、その活動をする人の生活が成り立たなくなったら辞めるしかない。それでは、問題は放置されることに

なる。無償でやれという人は、応援する気がないということだと思う。

■「対価」をもらわないことについて、めぐみさんに聞いてみた

お金をもらわないけど、物々交換でもない、それはこだわり。使わない物は必要な人にあげるということを大事にしたい。

見返りを、と考えるとお金を通さないやりとりの意味が薄れる。金銭の豊かさを求めない交流から感じ取れることもある。

ただし、自分が最低限生きられる条件があるから言えることだとも思っている。

いつかは本当にお金なしで生きていきたい。消費社会を抜ける覚悟があれば、できるはず。

もちろん、お金がないと生きていくのがきつい人もいる。人それぞれ。

ちょっとより道④

興味をそそられた場所で出会った人とは深い話もできる気がする

職場の人に普通と違うところがあるって思われたくない
悪口言われそう
噂されそうでなんかめんどう

政治や経済のことで意見があると思われたくない
でもほとんどの人は大きな経済の中で稼いで消費して生活をつくるしかなくて
議会
役所
普通の日常は政治のさじ加減でいつでも変わってしまう

生きていく中で
思い通りに
なることなんて
そんなにないよね

我慢しなきゃ
いけないことは多くて
だんだん
我慢に慣れてしまう
そうなると
我慢の元を解決するより
一時我慢してすぐ忘れる
ほうが楽な気がしてくる
そして
他の人にも
我慢することを
要求するようになる

安心して
本心を話せる
仲間がいたら

なにが問題なのか
形にできるかも
しれない
形になれば
きっと対応もわかる

ひとりでは
抱えきれないことも
協力できたら
解決しちゃうかも
しれないよね…

だから
その仲間の
作り方を
教えてよ!

友達ができた時　エピソード集

▼NRさん

短歌を作るのが好きだった。学校でのいじめや家庭での暴力など地元に居場所がなくて、逃げるように上京してきた。東京で短歌の発表の場に出会い、それまでひとりで抱えているだけだった作品を受け入れてもらえた。表現することができ、解放されたと思った。自分を開示することができるようになると、友人も恋人も自然にできていった。

▼Hさん

よく行くお店の常連で、自分とは意見の違う人がいる。たまに、政治関係の話題で喧嘩腰《けんかごし》につっかかってくることもある。それでも、その人も自分も、その店に行くことをやめない。ごちゃっとした誰でも受け入れる雰囲気がその空間にあるからだと思う。意見の違う人同士でも、場所を共有できるし本音でぶつかることもできる。

▼GBさん

パンクが好きで、よくライヴハウスに出入りしていた。そこは言動がぶっとんでる奴や、会話のキャッチボールが成り立たない、ちょっと変な奴でも変な目で見られることもなくいられる場所だった。

自分も世の中から浮いていると思っていたので、居心地がよかった。そこで信頼できる友人ができ、友人のつながりもあって、自分の居場所になるような人間関係ができていった。

▼KNさん

恋人とうまくいかなくなって精神的にまいってしまったことがあった。ボロボロの状態だがバイトには行っていた。そのバイト先で知り合った子も深い悩みを抱えていて、仲良くなった。

少し、回復しかけた時に、彼女とお互いの悩みを話すようになった。聴き合いができる人と出会えたことで、自分の状態を確かめることができた。そのあたりからメキメキ回復した。自助グループやカウンセリングにも通うようになった。

▼Zさん

２０１１年の原発事故以降、反原発のデモや集会に行くようになった。集会の手伝いなどをするようになると、一緒に作業する人と話すようになる。会社には絶対内緒で参加している人、家族から反対されている人、自分の思想をどこでもオープンにしている人、いろんな人と出会った。

そこで出会って友人になった人には、自分の価値観を否定されずに聞いてもらえたので、日常の中の問題も話せるようになった。自分がほとんど無自覚に抱えていた不安定な仕事の問題や、ジェンダーの問題*がはっきりした。

同じ問題を抱えている人がたくさんいたこともわかり、生き方の選択肢が広がった。

いまは、仕事が忙しくなり、あまり出かける余裕はないが、友人とのつながりは続いている。個人を大切にする社会になってほしいから、自分のレベルでもできることを続けたい。

＊ジェンダーの問題：ジェンダーとは、社会的・文化的につくられた性差。男性役割／女性役割や、男らしさ／女らしさなど。その縛りから生じるさまざまな問題のこと。

労働組合を使おう
業務
課題
業務
クレーム
もーだめ…
つみのこし
残業
わかった、もう作ろう！
何か
労働組合
ほー
労働組合は、
・正社員じゃなくても2人いれば作れる。
・組合やってることを理由にいやがらせとかされない。（法律で守られる。）
・雇い主と正式な交渉ができる。
雇い主は※交渉を断れない
※問題解決のために、ちゃんと向きあう義務がある
交渉で決まったことは、紙に書いてお互いのサインをすると、法的根拠のある約束ごとになる。
★1人で入れる地域のユニオンもある
本部
交渉しよ
わかったよ
名ばかり
えっ
交渉
組合
店長
やること
やること
労働組合ってなんかイメージで損してる。「何ができるトコなの？」と、調べてみると、使えることがイロイロ出てくるかもしか。
シカ

第5章
無力なんかじゃない

第1話

家賃のためにはどうしても
今すぐ働かなきゃ！
出てって 大家
ヤバイ
いまはこの仕事しかないけどキツイよ
派遣会社
受付
やります！
ていねいに!!
早く
ホントにキツイ
重い
給料もらってるんだろ
ちゃんとやってよ
すたすた
重い
ちがう コレ なおして
…いや いいや こっちでやる
納品
また残業か
はぁ
納品

アンタか他の人がいいな
一度で覚えられない？
使えねえヤツ
ちっ
またアンタ
めいわく
眠れない
それが1カ月続いた
06:00
フラ…

それで
クビって・・・
家で気を
失っちゃって
無断欠勤に
なっちゃったんだ
いやいや
それで解雇って
法律的に
どうなの？
ううん
けっきょくね
またあの職場に
行くのが怖くて
自分から辞めたの
ーー・・・
ウチはこのとき、パワハラにあってたんだって
あとで労働問題にくわしい人に教えてもらった。
なにかあったら、どこに相談できるか、ふだんから
知っておくことは大切なんだ…

誰も悪人とかではなくてさ・・・
そもそもこっちがミスしてたんだし・・・
ただ・・・なんか体が動かなくなったんだよね
職場の建物見ただけで冷や汗がいっぱい出て声が出なくなって
・・・・・・・・
わかった大変だったね

その後
友人は行政の福祉に
詳しい人を
紹介してくれた
そして
生活保護・・・
申請
通った・・・・
そっか
きっと
立て直せるね
・・・・・・
家があるのは
安全だよ
役所を信じられなくて
公園に住む友人
どんな気持ちで
言ってくれたんだろう

第2話
あ
やあ！この前の人！
これから似顔絵大会をやるんです
一緒にいかが？
ウチ・・・
忙しいですか？
いえ いま・・・
じ・・・実は生活保護もらってて
あとで考えたらわざわざ言うのは変だったのかも
この時は言ってしまいたかった
あの楽しいことするのは・・・
悪いような・・・・・・

ウチは
生活保護受ける人は
休んだり遊んだり
しちゃいけないと
思っていたんだ
困窮しているのに
助けてもらうことが
人間らしさと
引きかえなんて・・・
ボクも去年は
生活保護だったよ！
え
過労でうつで
その上ヘルニアだもん！
それは大変だ
つらいのなんのって
明る…
・・・再就職
できたんですね
まーね！
いまも修行中
だけど

お金稼ぐのに集中してた時には気がつかなかったこと本当にいっぱいあったよ
まず自分が思っていたより疲れていたってわかったね
少し落ち着いたら
仕事ってなんだろうって考えるようになったよ
仕事って・・・
自分にとって働くってなんだろうって
学校出ると働かなきゃとにかく食えないってなるでしょ

目先のお金が足りるかどうかの計算でいっぱいで
自分の仕事が世の中の何を作っていくのか考えるヒマがなかった
社会に出て実際に働いて
「ここはもっとこうしたら」って思うこともある
捨てるの??
必要な人にあげればいいのに…
悪い循環になってるなーと感じることもね
他の人に仕事を引きつぐ
時間がない
どんどん自分ばかり忙しく…
でも経験したことを落ち着いて整理するヒマはないよね
ある

働く人がさ必要だと思う時にしっかり休んで勉強もできたら
すごく多様な「できること」を持った人たちが世界にあふれるんじゃないかな
ボクは生活保護使っている時に
自分がやるべきだと思えて就ける仕事が何か考えて
人にも会って
いまは勉強しながら
小さな農家さんと小売店を結ぶ仕事をしているよ
生活保護を使えた期間があったからできたんだ

ウチには・・・
こんな
すごいこと・・・
すごくないよ
誰でも
できるって
もーっ
キミは
成功したから
言うんでしょ
落ち込んで力が
出ない時は
気楽にゆっくり
癒えるのを
待たなきゃ
1円も
稼がない人でも
その人が
その人自身でいる
ことで
誰かがすごく安心して
暮らせるかも
しれないでしょ
昼どう？
いいよ
そっか

自分は
これからも
お金を稼ぐ仕事を
するんだと思う

でも
いい
それだけ
じゃないって
覚えていなきゃ

それだけじゃ
生きていけなかった
のは
自分自身だもの

第3話

ヘルパー
だった人は

リサイクル店で
働くことにした
らしい

うりますかいます
3000
時価

多くの家で
使われない物が
眠っているのを見て
必要な人に
回す仕事をしようと
思ったんだって

派遣先の
屋上で会った
事務員さんは

ヘルパーに
転職していた
「誰の役に立つのか
わからない仕事は
つらいから」
だって

派遣先で
キツかった人が
弁護士になって
テレビに出ていた時には
驚いた
実は勤労学生で
あの時は
切羽詰まっていた
らしい
同じ会社で
ずっと頑張ってる
人たちも
どんどん
時間は
長くなるのに
給料
同じ
人は
減って
いく
他の
下請け会社の
連中とも
話してみるか
安く
早くって
ムリよ
評判
下がるよ
ブラックだの
足下
みないで
A社
B社
C社
やられっぱなしでは
いない
仲良く
なりやがって

ウチが前にいた工場は海外に移転してしまったけれど
人を減らさないでって要望出したことあったでしょ
あの時のメンバーが中心で話し合ったの
せっかく信頼関係の築けた仲間がいるんだから
活かそうって
この近くで使ってない小さな工場があってさ
持ち主と話に行ったの
建物と設備はこっちの利益が出るまではタダで使っていいって！

それでも仕事を取るあてがなくって・・・
やっぱりダメかと思ったんだけど
以前喫煙室で知り合った
部品の会社の営業さんが協力してくれてね
↑元リーダー
いま仕事が受注できそうなんだ!
すごい!
一緒にやらない?
みんな力なんかないただの歯車だと思ってたのに

ウ・・・
ウチいま
すごい・・・その
しんどくて
自分のペースで
いいよ
仕事なくして
わかったもの
人が
生きるために
どんな仕事も
あるの
仕事が
先じゃない

だったら よろしく お願いします
ぜんぜん 無力なんかじゃ なかった
力を出すための 仲間と チャンスの ありかが わからなかった だけなんだ

おわりに

ここまで読んでくださって、ありがとうございます。
期待した答えはなかったよという方も、いらっしゃるのではないでしょうか。
問題がある時は、その人の事情に合わせて上っ面ではない解決ができるように、ていねいに向き合える社会環境が必要。答えがあるとしたら、ひとまずそんなところかもしれません。
今の世の中は、わたしたちが生きることで積み重ねてきた結果ですものね。そんな簡単にくつがえったりしないんだと思います。今が生きがたければ、良い方向へとまた積み重ねるしかないんですね、きっと。
積み重ねなんか待ってたら、どうしようもなくなってしまう人もいます（わたしとかね！）。その人たちを今度こそ取りこぼさない方向に積み重ねていければ、みんなが暮らしやすい世の中になると思うんです。どうでしょう？
今回、入れられなかったことに、「この会社の正社員になるのはいやだ」があります。非正規で働く同僚から何度も聞いた言葉です。仕事の内容の問題よりも、パワハラがあるなど、人が粗末にされている職場でよく耳にしました。つまり、正社員にさえなれればそれでいいということではなく、人格を否定されずにちゃんと働けることが大事なんですよね。
一緒にモヤモヤイライラしながらも、自分の本音を話せて、「仕方ないから」で終わりにならない仲間がいたらいいなと思います。お互いの「なんでだろう？」を妥協しないでじっくり話すこと、意見が違ったらちゃんと「わたしはこう思う」って言えることが、誰にとっても「普通」になったら、世の中はだいぶ変わっていると思います。

この本、プレゼント用になればいいなーと思っています。友人に、「これちょっと読んでみて」と渡してもらって、そこから「自分はこんなことがあったよ」とか「ここは意見が違う」とか話してもらえたら……頑張って作った甲斐があったというものです。
最後にこの本を作るのになくてはならない存在だった杉村和美さんと大西旦さん、三一書房の方々、そして貴重な経験を話してくださったみなさまに感謝の気持ちを表して締めとさせていただきます。

2017年10月　巳年キリン

翌年の秋
とある地方で
いつも すみません いくらか お代を・・・
かしの木児童館
わたしの 仕事は 価値未定なんです これ食べながら 相談しましょ
わ

◎インタビューに答えてくださったみなさん◎

くまのひでのぶ

1984年生まれ、兵庫県出身。
雑貨メーカーにて営業マンとして勤めるも、自らが作り手になることを志し、退職。美大にてデザインを学ぶ。卒業後、画家に。
流しのカレー屋「きむくまカレー」としても活動中。
https://kumachild511.wixsite.com/kumachild

ほしのめぐみ

1980年代生まれ、東京都出身。
趣味は手描きイラスト、ギター、けん玉、バスケ、各種直接行動。
くにたち0円ショップ言い出しっぺ。
今は地元くにたちを飛び出し放浪中。

くにたち0円ショップ

毎月だいたい第2日曜日にＪＲ国立駅南口のたましん向かい側の大学通り路上にて13時頃から開催されています。
飛び入り参加大歓迎。雨天中止。
くにたち0円ショップのツイッターアカウント :@kunitachi0yen

著者：巳年キリン（みどし・きりん）

1978年生まれ。

周囲の人に助けられて生きる、都市の労働者で、

恋愛できないタイプの性的少数者。

これまでの漫画作品に「宝かくしのメリー」など。

働く、働かない、働けば

2017年11月15日　第1版 第1刷発行

著　者――　巳年キリン（みどし・きりん）　© 2017年

発行者――　小番 伊佐夫

印刷製本―　中央精版印刷

編集担当―　杉村 和美

装丁/DTP―　Salt Peanuts

発行所――　株式会社 三一書房

〒101-0051

東京都千代田区神田神保町3-1-6

☎ 03-6268-9714

振替 00190-3-708251

Mail: info@31shobo.com

URL: http://31shobo.com/

ISBN978-4-380-17006-5　C0036　Printed in Japan

でじゃぶーな人たち
風刺漫画２００６〜２０１３

壱花花

インタビュー・編集：織田忍、杭迫隆太

四六判　ソフトカバー　２２４頁　本体１５００円　ISBN978-4-380-13015-1

いつかどこかで見た光景が次々と展開される日本。辛辣な風刺画でトンデモ内閣、安倍政権を斬る！

●著者：壱花花：戦争・人権・労働・歴史…期待の風刺漫画家！　主に政治・世相の風刺漫画やイラストを描く。２００６年、改憲を目指す安倍政権に危機感を感じ、この漫画を描き始めた。

デモ！オキュパイ！未来のための直接行動

三一書房編集部編

四六判　ソフトカバー　２２４頁　本体１７００円　ISBN978-4-380-12008-4

—路上・広場の自由を取り戻すために—　東電前、経産省前、新宿、NY、Paris、釜山から闘いと反弾圧の報告

本書が、「複雑で解放的なひとつの共同体」を生み出すための議論を促す一助になることを願う。そして何よりも、暴力支配のない、平等で自由な社会を求めるすべての人々の願いが実現することを　（あとがきより）

にじ色の本棚
—LGBTブックガイド—

原ミナ汰、土肥いつき編著

A5判　ソフトカバー　208頁　本体1700円　ISBN978-4-380-15006-7

この本は「多様な性を生きる人々が育んできた、豊かな歴史や文化を知るための手がかりをつくりたい」という思いから生まれました。
各章では、自伝的ノンフィクション、コミック、小説、社会・歴史書のほか、医療・法律・教育の分野でサポートをする人に読んでほしい本など72冊を紹介しています。
これは、単なるブックレビュー集ではありません。46人の執筆者が、それぞれ自分と本との間で行った「対話」です。巻末には、詳細な「性的マイノリティ関連の年表」を掲載しました。

第1章　「ひとりじゃない」ことがわかる本
第2章　LGBTってなに？の疑問に答える本
第3章　LGBTとカルチャー
第4章　暮らし、健康・医療について考える本
第5章　より深く知りたい人のために
第6章　サポートする人に読んでほしい本
巻末付録　性的マイノリティ関連の年表